Je suis une étoile et toi aussi

Dame La Terre

Retrouvez dans la collection

Je suis une étoile et toi aussi

Déjà paru

La respiration magique

À paraître

Le jeu d'amour

La corde sensible de Sensilla

Sensilla et sa bande de mini-moi

Au secours je vois des monstres !

Textes d'Alexandra Célérault
Illustrations de Juliette Schack
Illustrations supplémentaires : Vecteezy.com

ISBN : 978-2492847-39-4

www.editions-tredaniel.com
info@guytredaniel.fr
www.facebook.com/editions.tredaniel
@goodmooddealer

Alexandra CÉLÉRAULT
Illustrations de **Juliette Schack**

Je suis une étoile et toi aussi

Dame La Terre

GOOD MOOD DEALER
By EXERGUE
27, rue des Grands-Augustins
75006 Paris

La collection **« Je suis une étoile et toi aussi »** propose aux **enfants** de percevoir autrement le monde qui les entoure afin d'accéder à une autre **connaissance** d'eux-mêmes.

Tome après tome, l'enfant renoue avec **sa propre étoile** en devenant **l'acteur principal de son bien-être** et apprend à se fier à la force de vie non visible qui vibre en chacun de nous : **notre être**.

Présentation des personnages

Naos, une étoile intergalactique.
Elle aime la vie et les gens.
Bienveillante, exigeante et remplie de sagesse, elle est toujours prête à aider.
Une vraie lumière !

Leya, 6 ans.
Espiègle, joyeuse, se pose beaucoup de questions sur la vie et aime **les cerises**.

Gaïa, la Terre,
elle a des milliards d'années.
Intelligente et pleine d'amour, elle possède une très forte capacité d'adaptation.

Milo, le papa.
Volontaire et introverti.
Isabella, la maman.
Dévouée et protectrice.
Paco, 9 ans.
Calme, réfléchi,
il aime jouer aux **Lego**®.
Calie, le chien.
Fidèle, il aime les câlins.
Il accompagne Leya et Paco
partout avec son esprit
doté de **bon sens**.

Aujourd'hui, toute la famille est réunie dans la joie et la bonne humeur pour vivre une journée extraordinaire à la découverte de la fôret mystérieuse appelée **Rosalinda**.

Il paraît que l'on peut y apercevoir un endroit de verdure où la nature se révèle et prend vie comme par magie. **Ouvrez grand votre cœur et votre esprit** pour percer le secret de la beauté cachée.

Pour accéder à cet endroit magique,
c'est à chacun de se mettre en marche et de faire un effort !
Toute la famille grimpe gaiement, à son rythme, sauf Paco
qui est à la traîne. Il fait la moue et il semble qu'il n'ait pas très
envie d'être là !

VISION MAGIQUE
PFF
MARRE
MOCHE
RES-PI-RE!
VISION BROUILLÉE

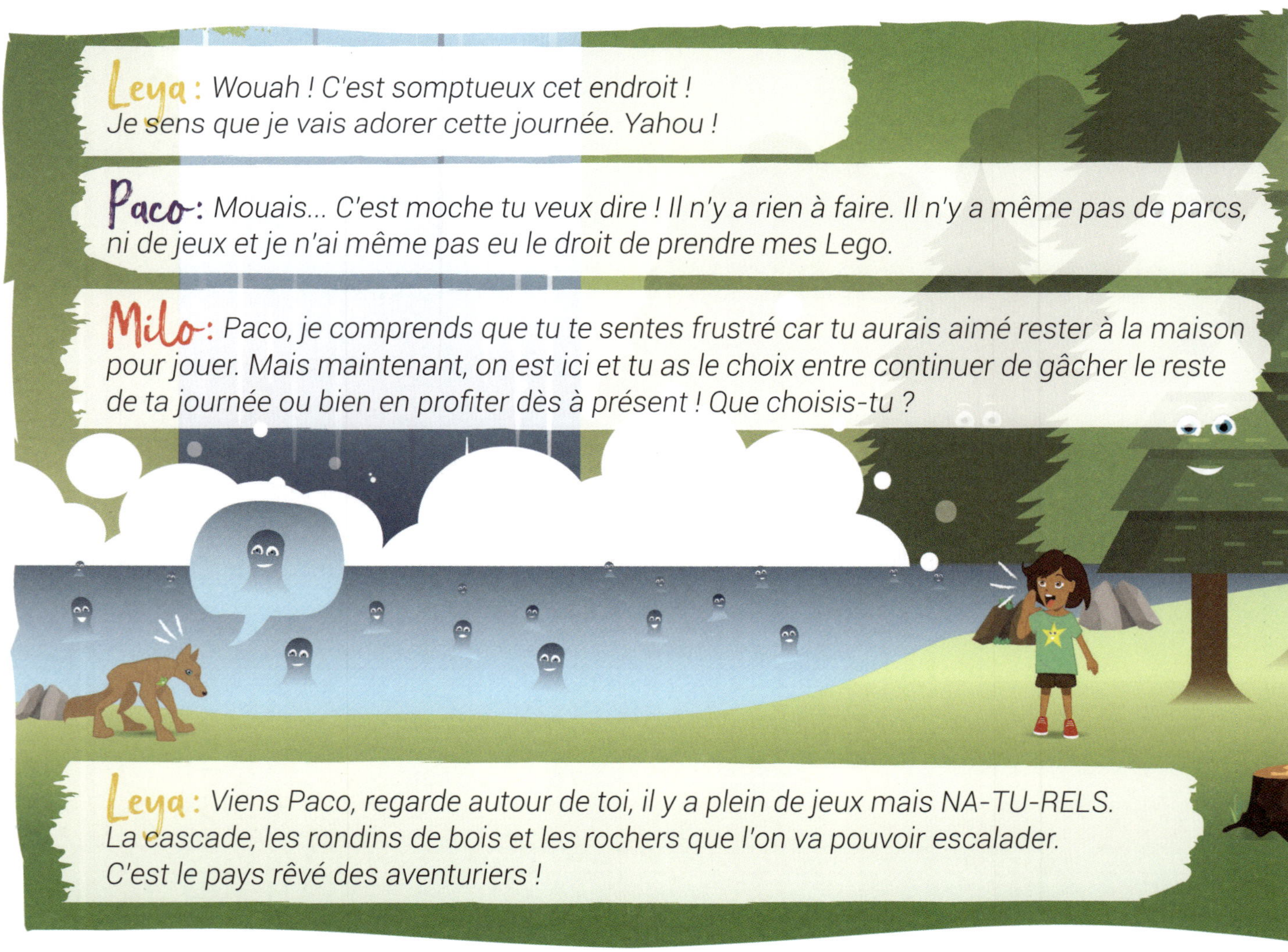
Leya : Wouah ! C'est somptueux cet endroit !
Je sens que je vais adorer cette journée. Yahou !
Paco : Mouais... C'est moche tu veux dire ! Il n'y a rien à faire. Il n'y a même pas de parcs, ni de jeux et je n'ai même pas eu le droit de prendre mes Lego.
Milo : Paco, je comprends que tu te sentes frustré car tu aurais aimé rester à la maison pour jouer. Mais maintenant, on est ici et tu as le choix entre continuer de gâcher le reste de ta journée ou bien en profiter dès à présent ! Que choisis-tu ?
Leya : Viens Paco, regarde autour de toi, il y a plein de jeux mais NA-TU-RELS.
La cascade, les rondins de bois et les rochers que l'on va pouvoir escalader.
C'est le pays rêvé des aventuriers !

Leya : Allez Paco, fais comme moi... **RESPI-MAGIQUE !** Tu te rappelles la chanson de Naos. Je respi-magique, j'inspire des paillettes fantastiques...
Paco : Et j'expire mes soucis noirs et gris. Ça y est, mon nuage s'est envolé. Je sens mon étoile. Ouf ! Naos est vraiment magicienne.
Naos : Salut les amis ! Merci pour le compliment, mais je n'y suis pour rien. Je t'ai juste expliqué le pouvoir de la respi-magique, mais c'est toi qui as fait le choix de créer la magie dans ta vie.
PAF
RESPI-MAGIQUE
CHOIX
MAGIE =
PFF

Leya : Alors, est-ce que cela veut dire que l'on est des magiciens, nous aussi, comme toi Naos ?

Naos : Oui, chacun est le mage de sa vie. Et savoir cela fait toute la différence entre ceux qui la subissent et ceux qui la créent. D'ailleurs, est-ce que vous voulez découvrir d'autres de vos super-pouvoirs magiques et naturels ?

Leya et Paco : Oui ! À nous, les super-pouvoirs et les baguettes magiques !

Naos : Ici, dans la forêt Rosalinda comme dans n'importe quelle forêt, il est plus facile de s'y RE-CONNECTER et savez-vous pourquoi ?

Leya : Euh... parce que c'est beau !

Naos : Ah ! Ah ! Ah ! Non, parce que la nature détient tous les pouvoirs magiques que nous possédons. Et quelquefois, il est plus facile de voir ce qui est extérieur à soi, ce qui se voit, que ce qui est intérieur à soi, ce qui ne se voit pas. Même si tout est lié. C'est humain ! Vous êtes prêts les amis ?

Leya et Paco : Oui !

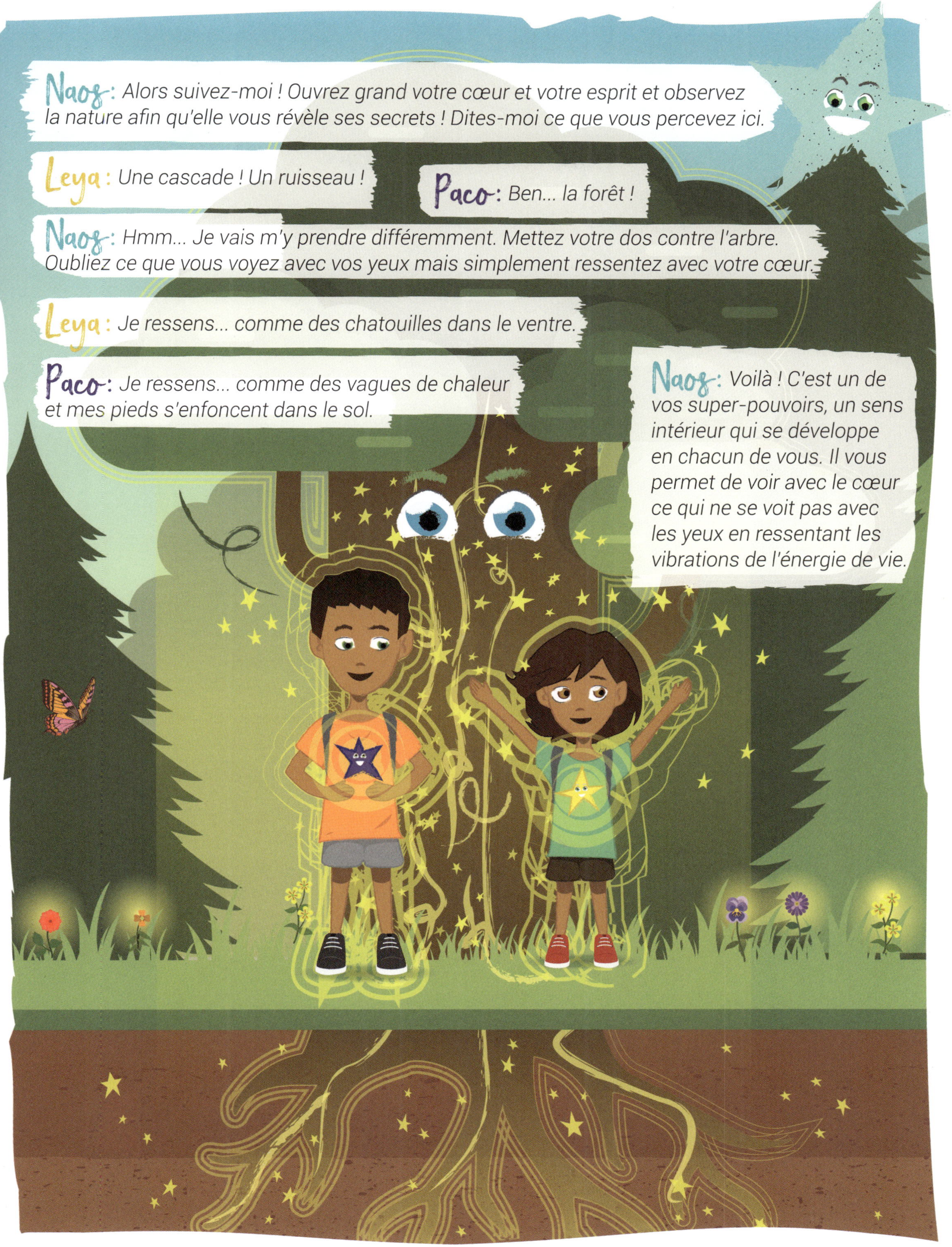
Naos : Alors suivez-moi ! Ouvrez grand votre cœur et votre esprit et observez la nature afin qu'elle vous révèle ses secrets ! Dites-moi ce que vous percevez ici.
Leya : Une cascade ! Un ruisseau !
Paco : Ben... la forêt !
Naos : Hmm... Je vais m'y prendre différemment. Mettez votre dos contre l'arbre. Oubliez ce que vous voyez avec vos yeux mais simplement ressentez avec votre cœur.
Leya : Je ressens... comme des chatouilles dans le ventre.
Paco : Je ressens... comme des vagues de chaleur et mes pieds s'enfoncent dans le sol.
Naos : Voilà ! C'est un de vos super-pouvoirs, un sens intérieur qui se développe en chacun de vous. Il vous permet de voir avec le cœur ce qui ne se voit pas avec les yeux en ressentant les vibrations de l'énergie de vie.

Paco: L'énergie de vie ? La nature est vivante ?
CHA BI DOU BIDA !
Naos: Oui Paco, la nature est un être vivant. Elle fait partie de la galaxie et comme la galaxie est un être et que la Terre en fait partie, ce sont des êtres vivants et la nature aussi.
Naos fait danser les planètes: Imagine que tu es la galaxie… Ta tête devient le cosmos, ton corps devient la Terre et ton cœur représente les êtres humains. C'est simple, non ?
Paco: Alors… cela veut dire que l'on est des parties microscopiques de la galaxie ?
Naos: Oui, et nous vivons en elle !
= 1 ÊTRE

Leya : Mais nous, nous vivons sur la Terre Naos ?
Paco : Alors cela veut dire qu'elle aussi est comme nous ?
Naos : Oui, dame la Terre possède son propre corps, comme toi tu as le tien. Il est composé de terres, de roches mais aussi d'eau.
C'est une planète magique qui offre à tous les êtres humains de sublimes richesses, des paysages grandioses, de l'eau pour boire, des aliments pour se nourrir et de l'oxygène pour respirer.
Paco : Je n'ai pas encore beaucoup voyagé, mais j'ai lu beaucoup de livres sur le système solaire et les différents continents.

Leya : D'ailleurs Naos, je me suis toujours demandé s'il y avait de la vie sur les autres planètes ?
Naos : Bien sûr Leya ! La Terre n'est pas la seule planète où il y a de la vie. Il y a de la vie partout sur toutes les planètes et partout dans le ciel ; même sur des planètes que vous, humains, vous ne connaissez pas encore.

Les êtres vivants qui y existent sont différents de toi, ils ne te ressemblent pas et la vie chez eux ne ressemble pas à la vie ici chez toi.
La Terre, elle, est un être tout particulier. Elle a fait le choix d'accepter que vous viviez sur elle et de vous accompagner avec amour dans votre évolution. Il est donc important d'en prendre soin.

CLAC
CLAC
=
Dame la Terre : Imagine, c'est comme si toi tu décidais d'accueillir sur ton corps plein d'êtres humains et d'animaux afin qu'ils vivent en harmonie.

Leya : D'accord Naos... mais je ne comprends pas bien ce que ça veut dire « prendre soin » ?

Naos : As-tu un animal de compagnie, Leya ?

Leya : Oui, j'ai un chien ! Il s'appelle Calie.

Naos : Comment prends-tu soin de ton chien ?

Leya : Je lui fais des caresses, des bisous. Je lui donne à manger pour qu'il soit en forme et qu'il grandisse. Je lui ai fait un endroit tout chaud, pour qu'il se sente bien. Je le lave, je fais attention à ce qu'il ne se soit pas blessé quand il rentre à la maison. Mais ce que je préfère, c'est lui faire des câlins d'amour et me blottir tout contre lui.

Naos : Je vois que tu sais déjà ce que cela veut dire « prendre soin ». Pour la Terre, c'est pareil que pour ton chien ! Il est possible de la respecter, la préserver, l'honorer et lui donner de l'amour du mieux que tu peux. Car comme tu vis sur elle, **si tu lui fais du mal c'est à toi-même que tu fais du mal.**

Naos : Par exemple, Paco, as-tu déjà réfléchi pourquoi l'herbe que tu es en train de détruire existe ? À qui est-elle utile ? Si tu n'y as jamais pensé, c'est que tu ne réfléchis pas plus loin que le bout de ton nez !
Herbe : Tu ne fais pas attention que je suis importante pour les vaches, les chèvres et les ânes, qui eux se nourrissent grâce à moi.
Fleur : Si tu me marches dessus, ce n'est pas seulement moi que tu piétines, mais aussi les abeilles qui viennent me butiner.
Arbre : Si tu me déracines et que tu me coupes, ce n'est pas qu'à moi que tu fais cela, mais aussi à toi-même car je produis ton oxygène.
Naos : Nous sommes toutes et tous reliés !
PAF

Dame La Terre : *Si je produis quelque chose, une herbe, une plante ou un fruit à un endroit précis, c'est que cela est utile, c'est que cela a du sens ; à toi d'en prendre conscience et de toujours avoir* ***l'esprit grand ouvert*** *sur le monde, de l'infiniment petit à l'infiniment grand.*

Naos : *Un esprit étriqué, petit, considère que le monde tourne autour de lui, mais en se regardant trop et en observant uniquement son nombril, on en oublie de faire scintiller notre étoile, et aussi celle des autres.*

Dame La Terre : *Oui,* ***vous appartenez au monde mais le monde ne vous appartient pas*** *les enfants.*

Leya : Tu vois Paco, la Terre est merveilleuse. Il faut en prendre soin ! En plus, grâce à elle on peut manger tous les jours... Et moi, ce que je préfère Naos ce sont les cerises, j'aimerais en manger tous les jours et toute la vie.
Naos : Justement Leya, la terre se cultive et offre toutes les denrées nécessaires à la vie des hommes, des plantes, des animaux... mais tout ne se cultive pas toujours et tout le temps. N'as-tu pas remarqué que tu ne mangeais pas des cerises toute l'année ?
Leya : Euh... oui, c'est vrai ! Le moment où j'en mange le plus, c'est en été.

Naos : *Exactement Leya ! Les cerises se récoltent durant les mois de mai, juin et juillet. Dame la Terre est généreuse, elle nous donne toujours lorsqu'elle est en accord avec ses cycles, ses rythmes intérieurs et son équilibre naturel.*

Dame la Terre : *C'est pour cela qu'il existe des saisons. Chacune d'entre elles a son importance et un fonctionnement singulier dans lequel soit je m'active, soit je me repose.*

LES RYTHMES DE PACO ET LEYA

Paco : *Oui, je connais les saisons, il y en a 4 ! Le printemps, l'été, l'automne et l'hiver.*

Naos : *Au printemps, les plantes bourgeonnent et fleurissent ; en été, avec la chaleur du soleil, elles ont fleuri et les fruits sont bien mûrs ; en automne, les arbres perdent leurs feuilles, il y a beaucoup de pluie ; et en hiver, la terre est endormie, il fait froid et il neige parfois.*

Naos : *C'est le super-pouvoir de la transformation !*

Dame La Terre : *Vous voyez, les saisons sont organisées par cycle de trois mois pour réaliser tous les changements nécessaires à la transformation de la vie et au maintien de son équilibre.*

LES RYTHMES DE LA TERRE

Naos : *Il ne peut ni pleuvoir ni faire beau tout le temps. Il doit y avoir un équilibre pour que chaque chose puisse pousser, croître et révéler ses parfums et ses saveurs. Voyez comme une graine se transforme, de la pousse, elle devient fleur, puis fruit jusqu'à perdre ses feuilles, et ce cycle recommence à l'infini.*

Dame la terre : *Ainsi, je ne peux pas vous donner des cerises tout au long de l'année, car c'est aller contre ma nature et le cycle naturel de la vie, c'est rompre mon équilibre.*

Leya : *Alors c'est pareil pour nous, Naos ?*

Naos : *Oui, vous aussi vous avez des cycles pour grandir en équilibre à votre rythme. Il en existe également au sein même d'une journée où les besoins de votre corps sont différents ; soit il s'active lorsque vous jouez ou mangez, soit il se repose lorsque vous êtes calme ou que vous dormez.*

Naos : Et puis Leya, n'est-ce pas encore plus succulent d'attendre de pouvoir goûter à nouveau à la douce saveur sucrée des cerises chaque année ?
Plutôt que d'être habituée à en avoir tous les jours ? Ne pourrais-tu pas t'en lasser ?
Est-ce que ton plaisir serait le même si tu en mangeais tout le temps ?
Lorsque quelque chose se termine et que tu attends pour le retrouver et le revivre, le plaisir n'en est-il pas plus intense ?

Leya : Oh ! Je n'y avais jamais pensé Naos ! Mais ce que tu viens de me dire a provoqué en moi une révélation ! Le fait que j'attende, que ça soit en quelque sorte rare et précieux augmente la sensation de plaisir que je peux ressentir.

Naos : *Voyez comme la Terre, cet être, est d'une extrême intelligence et vibre d'un amour infini pour vous. Elle adapte même ses légumes aux besoins de votre corps tout au long des saisons. En hiver, vous trouvez dans les potagers des légumes pouvant vous réchauffer et en été, d'autres pouvant vous rafraîchir.* ***Tout est bien organisé !***

Naos: Et puis Leya, je vais te dire quelque chose de très important. Comme la Terre est un être vivant, elle aussi est une étoile à part entière. Elle sait ce qui est bon ou non pour elle **pour maintenir sa lumière intérieure**.
Dame La Terre: Oui, je connais tous les rouages pour me préserver et restaurer mon équilibre. Il m'arrive dans ces cas de créer des raz-de-marée, des tsunamis, des inondations ou même des tempêtes.

Naos : *Dame la Terre obéit au* ***grand jeu de la vie****. Elle a ses règles et elle est toujours prête à détruire pour batir de nouvelles choses, faire pousser de nouvelles fleurs pour le meilleur, pour un monde meilleur.*

Dame La Terre : *Oui, et j'ai plus d'un tour dans mon sac ! Mes signaux d'alerte sont des alarmes déguisées en prises de conscience pour que les êtres humains comprennent qu'il est important de respecter l'équilibre et le cycle de la vie.*
Prendre soin de soi avec amour, c'est prendre soin de moi et de la nature avec amour.

MAIS ALORS, D'APRÈS TOI, C'EST L'AMOUR QUI RAYONNE EN NOUS QUI CHANGE LA VIE ?
BEN OUI !

LA COMPTINE DE NAOS

Chante Dame la Terre

En marchant dans les bois
J'observe mes pas
J'en oublie ce que je vois
Le cœur grand ouvert
Il n'y a plus aucun mystère
Je ressens la magie de l'Univers

REFRAIN
Je suis une étoile
Tu es une étoile
Nous sommes reliés pour la Vie
Ensemble nous formons la Galaxie
Tu es une étoile
Je suis une étoile
Nous sommes reliés pour la Vie
Ensemble nous formons la Galaxie

Du haut de ma fenêtre
J'observe la danse des planètes
Je m'aperçois que les déchets que je t'envoie
Ne sont que les reflets de ceux à l'intérieur de moi
Je crois que je ne voulais pas le voir dans ce sens-là
Mais la réalité est bel et bien celle-là

Alors, Dame Nature
Comme moi c'est toi et toi c'est moi
Je choisis de changer, je te le jure
Alors, Dame Nature
Je fais le choix de prendre soin de toi
Et aujourd'hui l'Amour j'en fait ma Loi.

REFRAIN

COMPTINE À ÉCOUTER

Télécharger la comptine sur : **www.alexandracelerault.com**

Maintenant, à toi
de colorier
avec ton cœur !

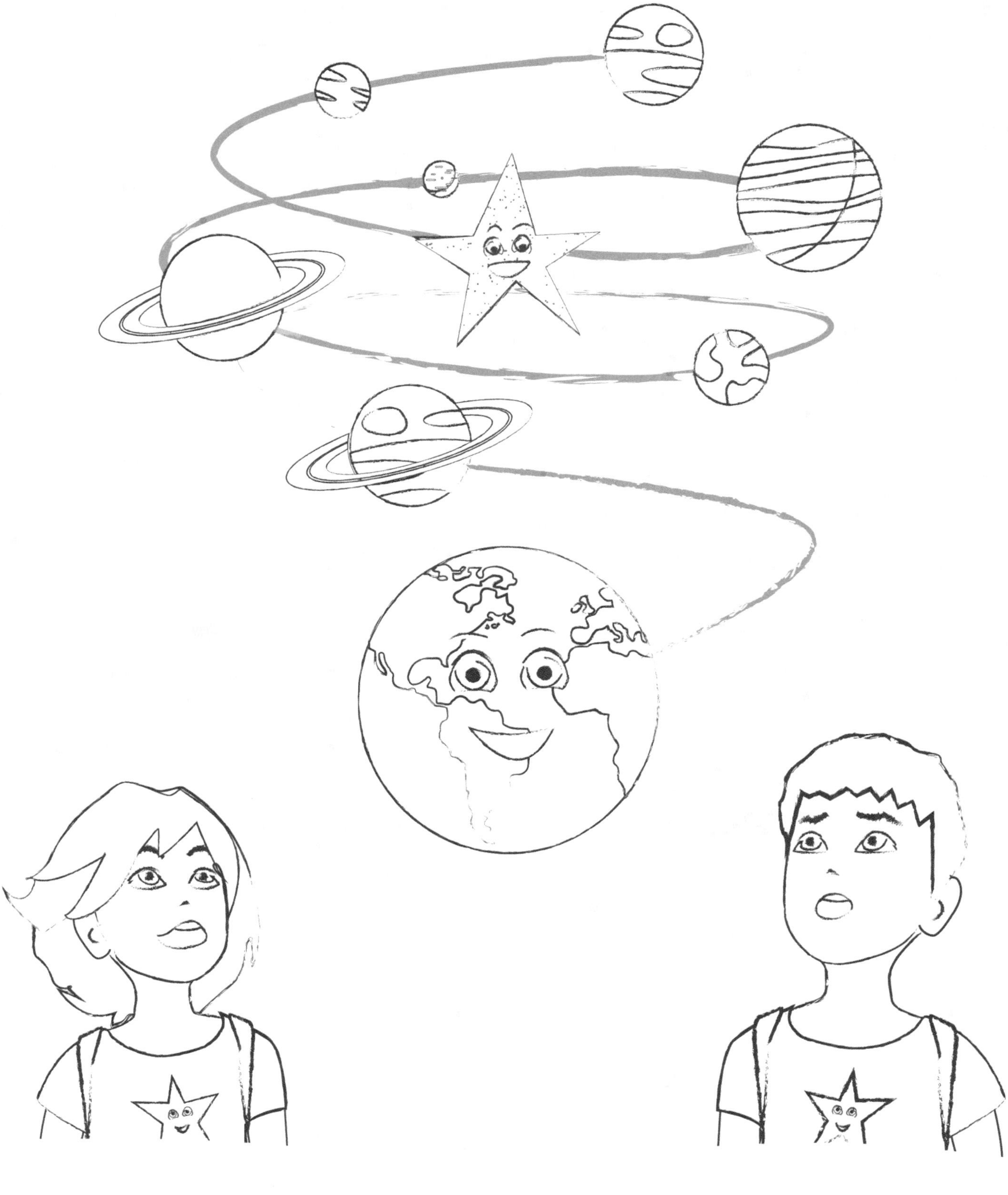

L'ASTUCE LUMINEUSE DE NAOS

« DAME LA TERRE »

Si tu as lu *Dame la Terre*, tu dois sûrement prendre conscience de la chance que tu as de vivre sur ta planète, la Terre, et que chacun de nous est relié à elle. Ce que nous faisons à nous-mêmes, nous le faisons à la planète et ce que nous faisons à la planète, nous le faisons à nous-mêmes.

C'est pourquoi aujourd'hui, j'aimerais t'inviter à prendre soin de toi pour prendre soin d'elle en répondant à toutes ces questions.

Quelles sont les mauvaises pensées que tu as et entretiens vis-à-vis de toi-même (par exemple : « je suis nul(le) ») ?

Comment pourrais-tu transformer tes pensées négatives en pensées lumineuses (par exemple : « je suis capable ») ?

Et si on jouait maintenant à activer ses pensées lumineuses ?

Ferme les yeux.
Prends 3 grandes et profondes respi-magique.

Imagine un toboggan magique de la couleur de ton choix au centre de tes deux yeux qui descend jusqu'à ton cœur.

Monte sur ton toboggan et glisse jusqu'à ton cœur.
Comment te sens-tu dans ton cœur ?
Qu'est-ce que tu peux entendre, observer et ressentir ?
C'est peut-être tout doux, tout chaud et cotonneux…
ou bien réconfortant comme les bras d'une maman…

À présent, **repense à toutes les belles pensées lumineuses** à te dire pour te sentir fort(e), confiant(e), serein(e) **et plante-les une à une dans ton cœur comme des graines de fleurs que tu sèmes dans un jardin pour les faire fleurir…** Une fois plantées, toutes ces belles pensées vont maintenant pousser et fleurir à l'intérieur de toi en te faisant vivre de nouvelles expériences réjouissantes… **Rappelle-toi, une fois plantée, tu en es responsable, c'est à toi de les arroser !** Et pour cela, il te suffit d'y penser de temps en temps et de leur envoyer de la lumière.

Merci pour ta belle transformation,
car en prenant soin de toi et de tes pensées,
tu prends soin de la planète Terre.

MÉDITATION
AUDIO